Life-Changing Classics, Volume XXXIII

El amor de Dios

Charlie "Tremendous" Jones

Tremendous Leadership
PO Box 267 • Boiling Springs, PA 17007
(717) 701 - 8159 • (800) 233 - 2665
www.TremendousLeadership.com

ISBN-13 978-1-949033-52-6

Diseñado e impreso en los Estados Unidos de América

Índice

Prólogo

El Mejor Regalo que Podemos
Dar a Nuestros Hijos....................................1

No Leas tu Biblia..3

Encontrando el Amor Verdadero.................6

Seguro de Vida Eterna...............................11

Conocer el Amor versus Sentir el Amor....13

La Alegría del Amor 15

Una Carta de Amor de Dios......................17

Dios Puede Usar Cualquier Cosa 22

Jesús es Mejor que la Utilidad...................25

Sé un Testigo...28

Rico en el Amor de Dios...........................30

Prólogo

por ***John Segal***

Escuché por primera vez a Charlie "Tremendous" Jones hablar en una conferencia de negocios en Atlanta.

Su breve charla fue tan divertida que decidí comprar sus grabaciones para poder robar los chistes para mis propias charlas de negocios. Pero al hacerlo, obtuve más de lo que esperaba.

Mi familia no asistía a la iglesia cuando yo era niño. No tenía más que puntos de vista negativos sobre la fe. Sin embargo, entre las bromas de Charlie había un mensaje claro y poderoso sobre el verdadero carácter de Jesucristo. Nunca había escuchado esto antes. Escuché las grabaciones 40 o 50 veces y luego, en Navidad, llamé al número de la grabación.

Charlie contestó el teléfono. Mi propósito era solo agradecerle por su mensaje, pero hicimos planes para encontrarnos y nos hicimos amigos para toda la vida. En nuestra primera reunión, Charlie me guio a través de las Escrituras que me abrieron la puerta a la aceptación de Jesús como mi Señor y Salvador, cosa que cambió mi vida.

Charlie tenía una forma de llevarte a pensamientos más profundos. Sus chistes tenían un toque diferente, siempre con el propósito de bendecirte con una comprensión clara de la verdad bíblica. Hizo que las cosas complejas fueran simples. Explicó cómo Dios nos brinda experiencias de vida difíciles, no para derribarnos, sino para convertirnos en las personas que Él siempre quiso que fuéramos. Estoy muy agradecido de tener la oportunidad de escuchar estos grandes mensajes de Charlie "Tremendous" Jones.

El amor de Dios

El Mejor Regalo que Podemos Dar a Nuestros Hijos

Hace años, solía decir: "El mejor regalo que un padre puede dar a sus hijos es el recuerdo de que amaba a su madre". Pensé que sonaba muy bien y lo repetí durante mucho tiempo. Pero una mujer me dijo una vez: "Sr. Jones, ¿y si mi esposo me dejara?" En respuesta, pensé que aún ella podía darles a sus hijos un recuerdo de que lo amaba y dejarles descubrir la verdad sobre su padre más adelante en la vida.

Sentí que era necesario no robarles el recuerdo de que ella amaba a su padre o que él amaba a su madre.

Pero luego comprendí que esto tampoco era lo suficientemente bueno porque me di cuenta de que hay algo mejor. Dije: "Sabes, lo mejor no es darles el recuerdo de que amabas a su madre ni a su padre. El mejor regalo es el recuerdo de que amaste a Dios".

Seguí diciendo eso durante mucho tiempo; también sonaba bien. Y, sin embargo, reconocí aún más que todavía no lo había entendido bien.

Me di cuenta de que algún día mis hijos descubrirían que yo era como cualquier otra persona, que no amaba a Dios, no como debería haberlo amado.

Oswald Chambers hace una declaración notable en su devocional del 30 de abril en *My Utmost for His Highest* (En Pos de lo Supremo). Él dijo: "Si intentas demostrarle a Dios cuánto lo amas, es una señal segura de que no lo amas". Empecé a aprender hace años que no es que yo ame a Dios, o que tú ames a Dios, o que nosotros amemos a Dios. En su lugar, estamos aquí para aprender cuánto nos ama. Espero que les dejes el recuerdo a tus hijos de que, si bien es posible que hayas amado un poco a Dios, lo amaste porque Él nos amó tanto. Lo amamos porque Él nos amó primero, y nosotros también lo amamos con el amor con el que Él amó. ¿No es eso maravilloso?

Deja a tus hijos con el recuerdo de que sabías lo que era ser amado por Dios.

Esta es la historia de mi vida: no soy lo

que creo que soy; No soy lo que esperaba ser, ni lo que debería ser—pero, por la gracia de Dios, no soy lo que era. Una vez estuve perdido, pero ahora me han encontrado; Estaba ciego, pero ahora veo.

Esa es la historia de mi vida y me gusta compartirla porque esa es también la historia de tu vida. Esa es la parte hermosa de ser un hijo de Dios; es lo mismo para todos nosotros. Ni el pastor ni el evangelista reciben nada más. Todos reciben el mismo Salvador, el mismo amor, el mismo perdón, la misma aceptación, el mismo gozo y la misma paz. Ahora puedes decir: "Bueno, ¿cómo es que él parece disfrutarlo más que yo?" Debes darte cuenta de que ese es tu problema porque tienes todo lo que hay que tener. Lo hermoso de esto es que, si cada día disfrutas lo que tienes, mañana puedes disfrutar más de lo que tienes. Pero si no estás disfrutando lo que tienes hoy, mañana lo disfrutarás menos, y pronto te estarás preguntando si tienes algo.

No Leas tu Biblia

Ahora me gustaría invitarte a ***pensar*** conmigo. ¿Has notado alguna vez lo que sucede cuando la gente escucha? ¡Se duerme! No es así cuando ***piensa*** contigo. Esta verdad es tan importante. Déjame ilustrarlo. ¿Sabías que es un pecado ***leer*** la Biblia? **Las**

personas más confundidas del mundo leen su Biblia. Podrías decir: "Estás bromeando". No, no lo estoy. Deberías ***estudiar*** tu Biblia. Deberías leer tu periódico y estudiar tu Biblia. No estudies tu periódico y leas la Biblia.

Cuando estudias la Biblia, sucede algo increíble. La escondes en tu corazón.

No es necesario que la memorices mientras la estudias. Hay muchos versículos que no recuerdo, pero muchos sí. Pero sé muchos más versículos de los que jamás memoricé por solo estudiar la Biblia. Con el paso de los años, algunos versículos se vuelven parte de ti y ni siquiera los reconoces. Y es por eso que te digo que no escuches, porque escuchas simplemente con tus oídos. Y si escuchas demasiado ¡Te pesa demasiado la cabeza y el corazón está demasiado ligero!

La Biblia nos dice que no escuchemos, sino que ***pensemos*** en estas cosas. Piensa, piensa. Cuando piensas, comienzas a hacerte consciente de lo que habías memorizado. Y cuando te ***haces*** consciente de algo, saldrá de ti. Cuando solo memorizas algo, tienes que obligarte a compartirlo para demostrar que lo sabes. Hacerse consciente es diferente. No puedes contener aquello de lo que te haces consciente. Incluso si nadie escucha, todavía te sientes obligado a compartir porque, en realidad, no estás hablando con ellos; estás pensando con ellos.

Y sería mejor si pensaras en voz alta para ver lo poco que sabes acerca de lo que estás diciendo. Puede que te digas a ti mismo: "Oh, eso es realmente bueno. Lo repensaré de nuevo". Por eso debes pensar en tus oraciones.

Podrías orar algo como: "Ahora, Señor, ¿quieres ir conmigo?" Después de reflexionar sobre esta petición, te das cuenta de que Dios debe estar pensando: "¿Por qué debería ir contigo? No puedes alejarte de mí". ¿Por qué oramos con tanta estupidez?

Algunas personas incluso dicen: "Dios, ¿te acercarías a mí?" Bueno, ¡Él no puede acercarse más que dentro de ti! ¿Por qué no le agradecemos a Dios que viva dentro de nosotros?

A veces decimos: "Señor, soy tan indigno", y el Espíritu Santo responde: "Pero te he tenido por digno; ahora deja de gemir. Tu indignidad es la razón por la que te elegí".

Entonces, en lugar de orar para ser dignos, deberíamos estar agradeciendo a Dios por habernos considerado dignos. En lugar de afirmar que no somos dignos de amor, debemos estar agradecidos de que seamos aceptados como Sus amados y regocijarnos por ello.

Esta aceptación incondicional es la diferencia que se manifiesta cuando pensamos y nos hacemos conscientes. Somos aceptados como Sus amados. Somos contados como dignos. Somos elegidos, aceptados y amados. Necesitamos dejar de pedir lo que Dios ya nos ha dado.

Sorprendentemente, mientras pensamos y nos damos cuenta de estas cosas, no hay necesidad de intentar dar testimonio. Tratar de dar testimonio a los demás es como tratar de amar a tu esposa. Si no amas a tu esposa, deja de intentarlo, ¡se pone peor! Yo te lo demostraré. Supón que estás en la cama y tu esposa dice: "Cariño, te amo. ¿Me amas?" Y dices: "Lo estoy intentando". ¿Qué? No intentas amar. Eres amado y respondes con un amor desencadenado en ti que una vez estuvo allí pero que permaneció dormido.

Por eso, algunas personas actúan como animales. Porque no saben qué es ser amado, no saben qué es ser aceptado y no saben qué es pertenecer. Por lo tanto, es esta palabra "amor" en la que vamos a pensar. Amor.

Encontrando el Amor Verdadero

Hace muchos años, el príncipe Eduardo, rey de Inglaterra y duque de Windsor, tomó una decisión poderosa. Renunció al trono de Inglaterra para casarse con Wallis Simpson.

El mundo dijo que era el gesto de amor del siglo; dijeron que era una demostración de gran amor. Yo digo que no fue nada.

Estaba perdidamente enamorado. Cuando alguien está enamorado, eso no es amor real.

Claro, escuchamos sobre todo tipo de aventuras amorosas, pero eso no es amor real. **El amor real es algo que va más allá de ti. El verdadero amor nunca es el de ser servido; es el de servir. El amor verdadero siempre se basa en esta realidad de darse a sí mismo, no de recibirlo para uno mismo.**

Al principio de mi juventud, creí que no existía el amor. Tuve una madre y un padre como todos los demás. Mi madre, que era joven y encantadora y no podía aceptar la responsabilidad de tener muchos hijos en esos años de la Depresión, nos abandonó.

Cuando era niño, me di cuenta de que no existía el amor real. Algunos dirán: "Bueno, existe el amor de una madre". Pero para mí y para muchos otros, no experimentábamos esto. Nuestras madres o nuestros padres nos dejaron.

Sin embargo, tengo que decir que mi madre era la mujer más maravillosa del mundo. Ella está en el cielo ahora. El pecado hizo que ella nos dejara. Ella no quiso hacerlo.

Pagó un precio terrible por hacer lo que hizo.

Cuando llegué a conocer a Cristo, inmediatamente me di cuenta de lo equivocado que estaba al estar amargado porque mi madre nos dejó. Nunca tuve que perdonarla porque Dios me perdonó mis pecados. Ella nunca podría lastimarme como yo lastimé a mi Salvador. A lo largo de los años, la llamaba por teléfono. Le compré una casa. La llevé a Europa. Y le decía cada vez que hablábamos: "Eres la madre más maravillosa del mundo". Y ella lo fue.

Pero mi punto es que el amor de Cristo me hizo eso. Antes de ser amado por Cristo, no me sentía así. Quería que alguien me quisiera. **Pero ningún ser humano puede amar como ama Dios.**

Nadie puede amar a nadie de la forma en que necesita ser amado. Ningún hombre puede amar a una mujer de la forma en que ella necesita ser amada. Ninguna mujer puede amar a un hombre de la forma en que él necesita ser amado.

Por eso, *Juan 3:16* es tan crítico. "Porque tanto amó Dios al mundo que dio a su Hijo unigénito". Él se entregó a sí mismo. Si lo recibiera y creyera en Él, nunca perecería, pero Él vendría a mi corazón y me haría una nueva creatura. Nacería de nuevo, no de la voluntad de un hombre, sino de Dios.

Incluso, después de pasar por la experiencia de que mi madre nos abandonara cuando era niño, todavía tenía esperanza. Siempre tienes esperanza.

Siempre tenemos esperanza. Y pensé: "Bueno, tal vez no haya amor en la infancia de una persona, pero tal vez encontrar a la chica adecuada cuando sea joven, tal vez sea eso". Y un día, conocí a la chica adecuada, Gloria Burkhart.

¡Seguro que fue amor a primera vista! Sin embargo, no la apresuré. ¡Esperé trece semanas antes de pedirle que se casara conmigo!

Recuerdo estar tan enamorado y portarme de la mejor manera. No quería que se enterara de cómo era yo hasta que pudiera hacer que se casara conmigo. Entonces ella me ayudaría a convertirme en lo que quería ser.

Y recuerdo que después de trece semanas dije: "Bueno, Gloria, te amo y quiero casarme contigo. Pero hay algunos problemas. Yo no tengo dinero. No podemos celebrar una boda en la iglesia porque no puedo pagarla. No puedo darte un anillo. Tienes que darme— prestarme— $2 dólares para la licencia de boda. Y tenemos que pedir prestado el coche de tu padre para escabullirnos y fugarnos".

¡Su respuesta fue sí! Eso demostró lo

desesperada que estaba. Pero les digo que eso fue lo más grande que me pasó en la vida.

Ella dijo que sí. "¡Sí!" Y ella creyó en mí. Ella fue la primera persona en mi vida que creyó en mí y dijo que me amaba.

Y no solo eso, dijo que me entendía. ¡Simplemente no puedo creerlo!

Ahora han pasado 50 años; Yo la amo y ella me ama a mí. Pero nunca hubiera sido una verdadera historia de amor si Cristo no hubiera entrado en mi corazón y me hubiera enseñado que no me casaría con ella para que ella me amara. Me entregó a ella para que aprendiera a amarla incluso si ella nunca me amaba. Nunca aprendes esta verdad de otros humanos o del mundo, pero eso es lo que te lleva a Cristo.

Toda la vida se trata de descubrir estas hermosas verdades. Cuando nos casamos, descubrí muy rápidamente que había dos tipos de amor. Primero, ten en cuenta que podemos decir que amamos todo lo que queremos.

Pero hay un aspecto de la vida que todos tenemos en común. **No importa cuán ricos o pobres, intelectuales o ignorantes, jóvenes o viejos, hombres o mujeres, hay una necesidad que todos tienen en cada momento de su vida. Eso es saber que son amados y aceptados y escuchar estas palabras en su**

corazón: "Te amo, y tú lo sabes, y sabes cómo es verdad".

Si bien no había nada que Gloria pudiera hacer que me hiciera rendirme o dejarla, algo todavía no estaba del todo bien. Creía que estaba tan cerca del amor real como una persona puede estar. Pero no era suficiente.

Seguro de Vida Eterna

Un día, mientras buscaba a alguien a quien venderle un seguro, un viejo amigo se subió a mi auto. Dijo: "Charlie Jones, ¿cómo está tu alma?" Le pregunté qué quería decir con esto. Él dijo: "¿Has nacido de nuevo?"

Nunca había escuchado esa expresión. Él dijo: "¿Irás al cielo cuando mueras?" Dije: "Nadie puede saber eso. Nadie ha vuelto jamás; por lo tanto, nadie puede saberlo". Y con eso, sacó su pequeño Nuevo Testamento, y durante los siguientes 45 minutos, me hizo leer sus versículos.

Nunca había conocido a nadie así. No me dijo adónde ir a la iglesia; no me dijo que tenía razón; no me dijo qué creer. Simplemente me hizo leerle versos. Y eran hermosos versos. Leímos Juan 1: 1 y Juan 1:12 y Juan 1:14 y Juan 3: 3. Leímos todo el tercer capítulo de Juan. Luego, leímos Juan 5:24, Juan 10:28, Romanos 10: 9-10, Efesios 2: 8-9, 2 Corintios 5:17 y Romanos 12: 1. Versículo tras versículo tras versículo. Pero cuando me pidió que leyera el versículo final, "Porque de tal manera amó Dios al mundo", me dijo que pusiera mi nombre allí para que dijera: "Porque de tal manera amó Dios a Charlie Jones, que dio a Su único hijo, si Charlie Jones creía en Él, nunca perecería, pero tendría vida eterna".

Dije: "Por eso no puedo creer en Dios". Él preguntó: "¿Por qué no?" "Porque nunca creería en un Dios que enviara a alguien al infierno". Él dijo: "Lee el siguiente versículo". El siguiente versículo dice: "Porque Dios no envió a su Hijo al mundo para condenar al mundo, sino para que el mundo sea salvo por él.

Y el que crea no será condenado, pero el que no crea, ya ha sido condenado porque no ha creído en el nombre del unigénito Hijo de Dios". **Y vi por primera vez que Dios nunca condenó a nadie; el pecado del hombre lo condena.** En cuanto a mí, había elegido el pecado. Fue Dios quien envió a Cristo en forma de carne a morir en mi lugar para que yo pudiera recibirlo.

Algunas personas dicen: "Le doy todo a Dios". Bueno, entonces no recibe mucho. O uno podría decir: "Le estoy dando mi vida a Dios".

Pero no puedes entregarle tu vida; Él te

dio tu vida. Y entonces ese día en que recibí a Cristo como mi Salvador, fue porque tuve mi primer encuentro con el mayor regalo en todo el mundo: ***el amor de Dios en Jesucristo.***

Ahora, algunas personas me dicen: "Oh, Charlie, desearía poder sentir más el amor de Dios". Bueno, entonces, solo se pondrá peor para ti porque no puedes sentir amor. Sabes que eres amado. No quiero sentir el amor de mi esposa; quiero saber que ella me ama. ¿Y si sus sentimientos cambian? Quiero saber que soy amado, lo quiera ella o no.

Conocer el Amor versus Sentir el Amor

¿Recuerdas cuando le pediste a tu esposa que se casara contigo? ¿Te sentiste casado entonces? No.

¿Incluso te sentiste casado cuando firmaste, sellaste y entregaste? Ahí es cuando lo sentiste, ¿no es así? Ahora, di la verdad. Cuando el pastor dijo: "Ahora los declaro marido y mujer", ¿dijiste: "¡Me siento casado!"? ¡No!

No ***sentiste*** nada. Pero si te hubieras despertado en la cama la semana siguiente y dijeras: "Cariño, ya no me siento casado", es posible que ella respondiera: "Bueno, lo estás, ¡Así que es mejor que no intentes salir de esto!". Nunca me he sentido casado. El 29 de enero de 1948, me levanté, juré que no había ninguna otra chica en el mundo y le pedí a una chica, Gloria Burkhart, que fuera mi esposa.

Y me convertí en su marido. A lo largo de los años, he estado aprendiendo a convertirme en más de todo lo que me convertí ese día. **Y así como nunca me sentí casado, nunca me sentí cristiano.**

Así, como el día de nuestra boda me levanté y dejé a todas las demás chicas del mundo, en marzo de 1950, en mi automóvil estacionado en West King Street en Lancaster, Pensilvania, de acuerdo con la autoridad de la Palabra de Dios, incliné mi cabeza y en el nombre de Jesús le pedí a Dios que me perdonara mis pecados. Dijo que lo haría. También dijo que vendría a mi corazón.

Él me limpió de toda maldad y me hizo Su hijo. Gracias a Dios lo ***sé***. Algunas personas dicen que desearían poder sentirse como yo. Bueno, me gustaría que me pudieran decir cómo me siento porque no ***siento*** nada. Pero ***sé*** que soy salvo.

Mi querido amigo, la audacia no proviene de nuestro propio acto o iniciativa. Brota del corazón lleno de la palabra de Dios y ***sabiendo*** que eres amado. Entonces uno puede hablar como lo hizo Pablo y decir:

"Dame elogios o dame la culpa, ya sea que esté hambriento o lleno, te agradeceré todo lo que suceda". Nunca seré como Pablo. Ojalá pudiera ser como Pablo, pero le agradezco a Dios que tengo el mismo Salvador que Pablo.

Sé que me desanimo un poco con la gente y a veces me irrito. Luego pienso en Hechos 20:24 donde Pablo dijo: "Pero de ninguna cosa hago caso, ni estimo preciosa mi vida para mí mismo, con tal que acabe mi carrera con gozo, y el ministerio que recibí del Señor Jesús, para dar testimonio del evangelio de la gracia de Dios".

Me doy cuenta de que me enojo con la gente porque no me entrego ni me someto. Cuento con mi vida como algo querido para mí. En estos momentos, necesito pedirle perdón a mi Señor. "Señor perdóname. Sé quién es el culpable. Soy culpable porque consideré mi vida como algo querido por mí mismo".

La Alegría del Amor

Tengo ***alegría***. Pablo dice, "para terminar mi carrera con gozo" (Hechos 20:24). Si fuera felicidad, entonces sería infeliz porque muchos de mis amigos son infelices. No me sentiría cómodo siendo feliz con todos mis amigos infelices. Pero tengo alegría. De nuevo, no lo ***siento***. Jesús es mi gozo. A veces la gente dice que está perdiendo la fe. Les digo que voy a orar para que se apresuren y lo pierdan por completo. Porque cuando lo hagan, terminarán con Jesús. Jesús es mejor que la fe de una persona. Estoy tan contento de no tener mucha fe. A veces, un hombre dirá: "Mi fe es todo lo que me ha ayudado". Entonces no ha pasado por mucho. Llegará un momento en tu vida en el que lo pierdas todo—cuando te quedes sin esperanza, cuando te quedes sin fe, cuando te quedes sin amor, cuando te quedes sin paz—y entonces podrás decir con Pablo: "Gracias a Dios, no tengo nada más que a Cristo y a Él crucificado". Y esa es mi ambición—conocerlo. Y Pablo podía decir eso porque Cristo era todo lo que tenía. Tenía el amor de Cristo, la mayor de todas las bendiciones.

Y ahora estoy tan contenta de poder amar a Gloria como siempre tuve la intención de amarla. Además, tengo una alegría mayor que la de compartir mi amor con ella. Lo que trae el mayor gozo es saber que Jesús la ama. Si tu cónyuge aún no conoce a Jesús, por la gracia de Dios, es solo cuestión de tiempo. El tiempo de Dios es diferente. Pero Jesús ama a tu cónyuge.

Mi suegro no se salvó hasta los 80 años. Siempre fue un hombre maravilloso, religioso y moral. Era mejor hombre que yo, pero pensó que iría al cielo porque vivía una buena vida religiosa. Más tarde, se dio cuenta de que una persona va al cielo porque ha recibido el amor de Dios y de Jesucristo. Dios nos amó tanto que dio a su Hijo unigénito. **Recuerda; no puedes ir al cielo y decir: "Estoy aquí porque amo a Dios". No, vas al cielo porque Él te ama. Qué historia tan diferente.**

Una Carta de Amor de Dios

Todo comienza en Él. **Si alguien dice que le gustaría tener más amor, te digo que necesita recibir el regalo de la salvación.** Es entonces cuando recibirán todo el amor que alguna vez van a recibir.

Considera lo que sucede en una relación amorosa.

Si dos personas enamoradas alguna vez han tenido que separarse durante un mes o dos por motivos de viaje o trabajo, probablemente hayan escrito cartas de amor. Puede que hayan hablado por teléfono. Cuando Gloria y yo nos casamos, no teníamos nada. Sabía que tenía que conseguir algo de dinero. En los años 40, los hombres ganaban mucho dinero en Alaska, así que fui a Alaska para conseguir un ingreso. Quería ser el marido que necesitaba ser. Gloria me dijo que me iba a escribir todos los días.

Pensé: "¡Oh, hermano! ¡Maravilloso! ¡Me va a escribir todos los días! Eso es maravilloso. Si no puedo estar con ella, al menos recibiré una carta todos los días ". Pero luego dijo que ***quería*** que le ***escribiera*** una carta todos los días.

Ahora, ¿quién en el mundo ha oído hablar de un hombre que escribe una carta de amor todos los días?

Entonces, solía escribir seis o siete cartas a la vez y enviar una por correo cada día. Ella nunca supo. Ahora, sin embargo, escribo todos los días.

Desde mi perspectiva, seguro que esperaba esas cartas de amor. Yo estaba allí, en la oficina de correos, esperándolas. Y si veía que los aviones no podían aterrizar, no me sentía tan bien. Pero, por otro lado, cuando hacía buen tiempo, sabía que se acercaba el avión. Sabía que iba a haber una carta de amor de Gloria Jones a Charlie Jones.

Cuando recibía esas cartas y volvía corriendo a la litera, me recostaba en la cabaña y las leía. "Querido Charles, te quiero mucho", decían. Pensaba: "Me alegro porque te amo, Gloria". "Ojalá estuvieras en casa", decía la carta. Ojalá estuviera en casa también. Ella la firmaba, "Te extraño; Espero que me extrañes. Tu amorosa Gloria". Me apresuraba a recibir otra carta. "Mi querido Charles", decía. "Te quiero muchísimo." "Bien", pensaba. "Te quiero muchísimo." "Te extraño mucho." "Yo también te extraño". "Ojalá estuvieras en casa".

Todos los días la carta decía las mismas palabras, pero no me importaba.

Y si el avión no podía aterrizar, tomaba las cartas viejas y las leía entre líneas. Encontraba las cosas jugosas que me había perdido la primera vez.

La Biblia es una serie de cartas de amor de nuestro Padre Celestial. La Biblia es personal para mí y para ti. No tenemos que leer la Biblia para ser salvos. Pero, cuando una persona recibe el don de la salvación, la evidencia de este don y esta fe es el deseo de leer las cartas de amor del Padre Celestial que lo ama profundamente.

Si una persona no quiere estas cartas de amor, sería prudente que se examinara a sí mismo con respecto a la salvación genuina. ¿Qué más deberíamos querer leer? Amo a Chambers. Amo a Tozer. Amo a Watchman Nee, Federline y A.B. Simpson. Los amo.

Pero amigo mío, son pecadores como yo. Solo hay Uno que me ama. Solo hay un nombre que está por encima de todo nombre. Ese maravilloso nombre es Jesús. Algún día, ante este nombre, toda rodilla se doblará y toda lengua confesará.

Amo ese verso. Me deja doblar mis rodillas a este lado del cielo. Incluso doblo mis rodillas ahora. Es tan personal. **Pero la palabra de Dios no será agradable para una persona si aún no es personal.** Sería como si esa persona se encontrara leyendo una carta muy personal dirigida a otra persona. Al menos, no sería agradable. Debe volverse personal.

Pero te diré que cuando leí: "De modo que, si alguno está en Cristo, nueva criatura es; las cosas viejas pasaron; he aquí todas son hechas nuevas". (2 Corintios 5:17), sabía que ese versículo era para mí.

Eso es lo que dijo ***mi*** Padre. Más aún, algunos me preguntarán si estoy viviendo una gran vida. Mi querido amigo, Jesús dijo: "Mas a todos los que le recibieron, a los que creen en su nombre, les dio potestad de ser hechos hijos de Dios" (Juan 1:12).

Eso también es para mí. Y considera 2 Corintios 2:14, "Mas a Dios gracias, el cual nos lleva siempre en triunfo en Cristo Jesús, y por medio de nosotros manifiesta en todo lugar la fragancia de su conocimiento".

Sin embargo, a veces sufrimos. Creo que a medida que han pasado los años, mi corazón me duele más hoy de lo que nunca me ha dolido en toda mi vida.

Tengo hijos y una nieta. Hay angustias.

Y podría haberme sentado aquí y llorar. Pero tengo una carta de amor que dice, "Pues tengo por cierto que las aflicciones del tiempo presente no son comparables con la gloria venidera que en nosotros ha de manifestarse." (Romanos 8:18). **Y también sé que, aunque tenga algunos dolores en el corazón y sufrimientos, no estoy sufriendo solo.** Imagínate si tuviera que pasar por lo que estoy pasando sin saber que Jesús me ama; Jesús los ama, Jesús los ama más de lo que yo los amo, y Jesús puede hacer mucho más de lo que yo podría pedir o pensar.

Y Él no lo hará en mi tiempo o en la forma en que yo quiero que se haga, pero lo hará. Gracias a Dios tengo confianza en alguien. Pero, ¿en quién confiaría si no tuviera esta palabra? Estas son las promesas. Ahora, por supuesto, no sabemos todo lo que saben el pastor o aquellos que han dedicado años al estudio. No hemos ido al seminario. Soy un simple cristiano como tú. Pero a lo largo de los años—estos 48 años de ser cristiano para mí—uno acumula versículos. Y cuando era joven en la fe, la gente era amable y considerada. Sabían más que yo. Me dejaron seguir aprendiendo. Y es por eso que también debemos ser amables y considerados. Debemos ser pacientes y no interrumpir ni desestimar a la gente.

Estas cartas de amor son de nuestro Padre Celestial. Y nos permiten crecer.

Dios Puede Usar Cualquier Cosa

Dios usa escritores del pasado que nos han impactado para impactar a otros. Por ejemplo, sé por qué la gente me ha invitado a pasar tiempo con ellos. Recibí una llamada el año pasado, tres veces en una semana, desde Australia, y el caballero dijo: "Sr. Jones, tenía que hablar con usted ". Dijo: "Pienso en ti todos los días desde que vino a Australia por primera vez en 1979. Todos los días, pienso en usted". Sabía lo que iba a decir. Iba a decir lo que todos dicen: "Me tiene leyendo a Oswald Chambers". Y él dijo: "Muchas gracias". Podría continuar durante una hora para contarles sobre la gente de Inglaterra, la gente de Winnipeg, etc. Pero todos han tenido que experimentar a Oswald Chambers por sí mismos.

Y Dios usa el sufrimiento. La gente viene a mi oficina y viene todo el día con todo tipo de problemas. Sin embargo, en realidad, tengo más problemas que ellos. Y así es como se supone que debe ser. Dios quiere que tengamos algunos dolores de cabeza. **No es que Él quiera hacernos doler el corazón, pero sabe que la única forma en que**

seremos dependientes de Él es cuando estemos de espaldas a la pared. Y tenemos que ver lo débiles que somos y que no somos fuertes como la gente piensa que somos. **Solo nos vemos fuertes porque nos apoyamos en Él.** Francamente, soy el hombre más débil que he conocido. Y tal vez me debilite un poco para que algún día pueda ser como Pablo y decir que soy el menor de los apóstoles y el mayor de los pecadores. A menudo, la gente viene a verme y comparte que su cónyuge los dejó o comparte otro problema importante. Abro el devocional del 5 de noviembre de Oswald Chambers con ellos. **Oswald Chambers comparte aquí que, si vas a ser usado por Dios, Él te llevará a través de una multitud de experiencias que no son para *ti* en absoluto. Tienen el propósito de *hacerte útil* en Sus manos.** Y al hacerlo, nunca te sorprendas de lo que suceda en la vida de otras personas. Entonces veo que salen las lágrimas; Veo que sus ojos se iluminan. Recuerdo la tragedia y el dolor de mi vida desde que era niño. Recuerdo la vergüenza y la humillación por las que he pasado, y agradezco a Dios por cada sufrimiento que me dio.

"Gracias por romperme el corazón, gracias por el rechazo, gracias por la humillación. Gracias porque no me amaban, porque no me querían..."

Dios me ha ayudado a identificarme con todas aquellas personas que se sienten no queridas y amadas. **Lo que sea que pasó en tu vida, no te pasó a ti. Sucedió para que Dios pudiera hacerte sensible a las personas que te rodean.** Oswald Chambers nunca escribió un libro. Sin embargo, aquí está, el devocional número uno en el mundo de hoy—y él no lo escribió. Murió en 1917 a los 43 años de una apendicectomía aguda en El Cairo, Egipto.

Su esposa tomó todas las notas que había tomado en sus pequeñas charlas resumidas. Y ella escribió.

Vivió lo suficiente para escribir todos estos libros a partir de las notas que dejó y las cosas que escribió a partir de las cosas que dijo. Entonces, le digo a mi esposa, Gloria, "Cariño, el mundo nunca se va a enterar del gran hombre que soy. ¡No has escrito ni una asquerosa palabra de lo que he dicho! " ¡Le estoy dejando a ella muchos casetes para que me escuche cuando me vaya! Solo bromeaba. Gloria no necesita escribir lo que digo porque tenemos a Oswald Chambers.

Dios nos dio un Oswald Chambers. No necesitamos dos. No necesitamos dos Charles Spurgeons; no necesitamos dos apóstoles Pablo.

No necesitamos a dos de ustedes; no necesitamos a dos de sus pastores. ¡Necesitamos solo uno! Dios te hizo para llevarte a Sí mismo, amarte y compartir sus cartas de amor contigo.

Ya sea que te sientas amado o rechazado y herido, Dios está diciendo en tu corazón: "Te amo". Ahora percibimos el amor de Dios, y cómo nos amó. Oh, cómo debemos amar, dar nuestra vida con nuestros hermanos. La Biblia está llena de amor, amor, amor, amor. El libro primero de Juan en el capítulo 5 está lleno de esto. Qué maravillosa realidad es ser amado por alguien.

Jesús es Mejor que la Utilidad

¿Qué es el corazón del amor? Es el perdón. ¿Cuál es el aspecto que más falta hoy en la vida de casi todos los cristianos? El Perdón, el perdón, el perdón. Mi esposa sabe que, si cometiera adulterio una vez al año, una vez al mes, me mataría. Pero nunca la dejaría. La Biblia dice que puedes. No me importa lo que diga la Biblia al respecto. Nunca la dejaría porque ella nunca me puede ser tan infiel como yo a Dios todos los días de mi vida. Y si Dios no me abandona, ¿En qué me baso yo para abandonarla a ella? El Perdón. Recuerdo a la persona que me rompió el corazón más que cualquier otro amigo que haya tenido.

Recuerdo lo amargado que estaba y lo herido que estaba. Tomó algunos años, pero oh, cuánto la amo hoy. Cuánto agradezco a Dios que la haya usado para romper mi corazón, para enseñarme que las cosas que perdí no importaban. Nunca hubiera disfrutado de Cristo si hubiera tenido esas cosas.

Mi alegría no es causada por mi utilidad. Viene de saber que Él me ama. Y así, Él puede hacer lo que quiera. Esa es la esencia del gozo. Es maravilloso ser usado, pero es maravilloso disfrutarlo a Él y no ser usado. A veces, si te acostumbras a que te utilicen, quieres que te utilicen.

Pero Jesús es mejor que la utilidad. Simplemente alabarlo es lo que más Le agrada.

Hay un lado más de la historia de amor después de las cartas de amor: tener hijos. Me pregunto cómo se sentiría una esposa después de casarse si su esposo dijera: "Cariño, no tendremos hijos hasta que podamos mantenerlos". Gloria y yo nunca podríamos haber tenido ninguno. "No tendremos hijos hasta que sepamos cómo criarlos". ¿Qué tan estúpido puede ser esto? Pensaba que yo era una autoridad en cómo criar niños, hasta que tuve algunos.

Algunos dicen que Dios nos da hijos para que podamos enseñarles. Creo que es al revés, para que mis hijos me enseñen. **Dios nunca me dio a mis hijos para que yo les enseñara. Me dio a mis hijos para que ellos me enseñaran.**

Y, por lo tanto, digo: "Muy bien, niños, no puedo esperar a que crezcan y tengan algunos hijos propios para que ellos puedan comenzar a enseñarles lo que ustedes me están enseñando porque hasta ahora esto es bastante unilateral".

¿Sabes qué pasa cuando mis hijos me rompen el corazón? ¿Sabes lo que me dice Dios? "No te rompen el corazón como tú me rompes el corazón". Yo digo: "Gracias, Señor, tienes razón de nuevo". No importa quién me hiera, Dios dice todo el día: "Recuerda, Charlie, no te lastiman como tú me lastimaste". Yo respondo: "Eso es correcto, Señor". **Es muy fácil perdonar a las personas cuando se te ha perdonado. No hay ningún esfuerzo.** Y eso es lo que impide que algunas personas compartan el amor de Cristo. Cuando entregué mi corazón a Cristo ese día en 1950, me fui directo a casa. Dije: "Gloria, ¿adivina qué pasó?" Ella preguntó: "¿Qué?" Respondí: "Acepté a Cristo". Y ella dijo: "Con eso no se juega". Dije: "No es una broma". Y cité esos dos versículos que memoricé: Juan 3:16 y Juan 5:24. Conocía el de Juan 3:16 desde mi niñez. Pero le cité esos dos versos.

Ahora, debo decir, durante años hice mucho daño. Memoricé capítulos de la Biblia para usarlos por Dios. Pero luego, después de unos 10 o 12 años, Dios comenzó a cambiar mi respuesta hacia las cartas de amor en mi corazón, de memorizarlas a citarlas, a hacerme consciente de ellas, a disfrutarlas. Y qué maravilloso ha sido, con el paso de los años, descubrir la Palabra.

Sé un Testigo

Un hombre me escuchó hablar en Atlanta y compró mis casetes para darle algo de humor a un discurso. Es el presidente de North American Products Corporation, la empresa de herramientas más destacada de Estados Unidos. Hace diez años, el día antes de Navidad, llamó y dijo: "Hola, vivimos en Georgia. Pensé que vendría a verte". Le dije que sería maravilloso.

Vino a verme y nos sentamos en mi escritorio. Procedí como lo había hecho mi amigo 48 años antes, y le pedí que me leyera los versículos de las Escrituras. Inclinó la cabeza y aceptó a Cristo. Su testimonio diez años después es que Dios lo ha usado para cambiar toda una ciudad. Y no le dije una palabra; todo lo que hice fue plantar la semilla. Uno planta, el otro riega y Dios da el crecimiento.

Entonces, mi querido amigo, Dios no dice que tengas que ganar almas para mantenerte salvo. Dios no te dice que compartas tu fe para ser salvo. Él simplemente dice en la palabra: “Vosotros sois mis embajadores, seréis mis testigos”. Un testigo no es alguien que inventa algo. Un testigo relata lo que les pasa. No es necesario que hagas un curso sobre cómo ser un ganador de almas. **Cuando el Señor abre una puerta y estás disfrutando de Cristo, todo lo que haces naturalmente es plantar una semilla.** Es muy parecido a ir a pescar.

Todos los chicos quieren ir a pescar. Yo quería ir a pescar. Pero en los días de la Depresión, nadie podía darse el lujo de tener un equipo de pesca. ¿Quién en el mundo ha oído hablar de comprar una caña cuando apenas podíamos conseguir suficiente dinero para comer, y mucho menos comprar una caña? Sacaba la rama de un árbol viejo, ponía una cuerda por ahí y ataba la cuerda a esta vara. Luego encontraba un clavo oxidado en alguna parte, doblaba el clavo, enganchaba esa cuerda en el clavo oxidado, sacaba un gusano y colocaba el gusano sobre el clavo, y pescaba. Ahora, adivinen cuántos peces Dios hizo tan tontos como para morder un clavo oxidado. Ninguno. Nunca pesqué un pez. Todos esos años que fui de pesca, nunca atrapé uno, pero no me digas que no estaba pescando. Estaba pescando; simplemente no estaban mordiendo el anzuelo.

Del mismo modo, no vi que nadie se salvara. Sin embargo, Dios me enseñó: "No se supone que veas cómo se salvan. Eso no es de tu interés. Debes ser testigo. Hay misioneros en Egipto que trabajaron toda su vida sin un converso. ¿Cómo te atreves a querer confirmación y pedir una respuesta?" Este es el papel del Espíritu Santo.

El Espíritu Santo los atrae; el Espíritu Santo los convence. Puede salvarlos, pero no serán realmente salvados.

La conversión es cuando el corazón ve una pérdida y hay un clamor a Dios. Si no saben cómo orar, debes ayudarlos a orar: "Señor, ayuda a mi incredulidad. No sé cómo pedirlo". Luego, simplemente guíalos un poco hasta que obtengan algunas escrituras como base sobre la cual aprender, responder y crecer.

Podría contarte tantas historias de Dios dejándome ver cómo Él convertía a las personas. Incluso ahora, es más maravilloso que nunca simplemente sentarse allí, verlos leerme a mí y verlos llegar a conocer a Cristo.

Rico en el Amor de Dios

Quiero compartir una historia que escuché en 1951 en una convención. Pedí prestado dinero para ir. No teníamos nada. Pero solo quería estar ahí. Escuché que había muchos empresarios que conocían a Cristo y manifestaban a Cristo viviendo en ellos. No me gusta decir que vivían para Cristo porque eso es inexacto. Él vivía en ellos. Nunca lo olvidaré. Llegué allí y quería ser el primero en llegar. Quería obtener todas las bendiciones que pudiera obtener. Entonces, llegué primero en esa noche de apertura, y había un gran salón. Entra otro hombre con un traje viejo, pantalones anchos y zapatos de charol. Se sentó a mi lado y yo, por supuesto, dije: "Soy Charlie Jones". Él dijo: "Soy R.G. LeTourneau". Y alabé al Señor. Este hombre no sabía quién era yo, pero todos en Estados Unidos sabían quién era R.G. LeTourneau—él era un filántropo cristiano y un conocido inventor de maquinaria de movimiento de tierras.

Westinghouse Electric Corporation le pagó $ 3 millones por su línea de equipo pesado. Eso es mucho dinero incluso ahora. Imagínate que hace 40 años alguien te paga $ 3 millones para que no compitieras con ellos durante un año.

Él era un genio. Pero lo que lo hizo diferente a cualquier otro hombre—a cualquier otro cristiano antes y después—fue que estaba en contra del diezmo. Creía que la gente debería quedarse con el 10 por ciento y dar el 90 por ciento de todo lo que ganaba. Algunos dicen que por eso Dios lo hizo rico. Pero se declaró en quiebra un par de veces. Sin embargo, no importaba, porque él era rico en Cristo.

R.G. LeTourneau me contó una pequeña historia ese día. Dijo: "Una vez, un niño fue a la escuela el primer día y descubrió en la escuela que su madre era una tirana. Descubrió que ella le obligaba a trabajar el doble que a los demás niños. Entonces, se fue a casa, tomó un papel y extendió una factura por todos sus servicios. A la mañana siguiente, cuando se fue a la escuela, puso la cuenta en su plato. Su madre vino a limpiar la mesa y recogió los platos y este papel que decía: "Una cuenta para mi madre". Se preguntó qué pasaba por su mente. La nota decía: 'Por ir al supermercado y comprar las cosas que olvidaste comprar el viernes: 5 ¢. Por colgar la ropa: 5 ¢. Por limpiar mi habitación y ayudar a limpiar los platos: 5 ¢. Por decir, sí señor, no señor, sí señora, perdóneme y discúlpeme: 50 ¢ «. Y abajo estaba el total: $ 1.35. Bueno, ella pensó: «Creo que sé cómo arreglar este pequeño canalla».

"Entonces, ella puso $ 1.35 al lado de su plato y en la factura escribió: 'Pagado en su totalidad, Mamá'. El niño estaba ansioso por llegar a casa. Había anhelado ver si su madre había visto la luz y le iba a dar el dinero, o si lo iban a mandar al cobertizo de la leña. Bueno, no podía creerlo. Vio el dinero.

Allí estaba la cuenta, al igual que el dinero.

No podía esperar a volver a la escuela y decirles a los otros niños: "Mi madre ha visto la luz. Las cosas son diferentes por aquí ahora. ¡Me pagarán lo que valgo!"

Bueno, esa noche, se apresuró a volver a casa, se comió la cena y, cuando se levantó, notó que había un papel debajo del plato. Lo recogió y se lo llevó a su habitación. "Veré lo que dice este escrito", pensó. Este decía: "Una factura para mi hijo de su madre".

Bueno, nunca antes había recibido una factura de su madre, y pensó: 'Veré lo que tiene en mente'. Esto es lo que leyó: 'Una factura para mi hijo de su madre. Por atravesar el valle de sombra de muerte para traerte al mundo: amor. Por mecerte para que te durmieras cuando eras un bebé: amor. Por pasearte y besar las lágrimas y orar por ti, sin saber nunca si vivirías: amor. Por enseñarte a caminar y besar los moretones: amor. Para cocinar tus comidas y planchar tu ropa: amor. Amor. Amor. Amor. Amor. Amor. Amor. Pagado en su totalidad. Con amor, tu madre'.

Bueno, empezó a leer la nota por segunda vez. A mitad de la página, empezó a ver lo equivocado que había estado. Su corazón comenzó a romperse. Sus ojos comenzaron a llenarse de lágrimas. Dejó la cuenta de su madre y fue a buscar el dinero. Fue hacia su madre.

"Él dijo: 'Mamá, aquí tienes tu dinero de vuelta. Tú no me debes nada. Te debo más de lo que jamás podré pagarte. Y quiero decirte que lo siento. Y de ahora en adelante, quiero hacer algo por ti, no porque me pagues ni porque me obligues. Me gustaría hacer algunas cosas por ti porque te amo. Y te amo, madre, porque me amaste tanto".

¿Sabes por qué esa historia está fresca en mi mente hoy, al igual que hace 47 años?

Esa es mi vida todos los días. ¿Cuántas veces diré, o dirás tú, "Señor, ¿cómo es que tengo que hacer tanto y tú haces tan poco? Señor, si me das esto, te daré aquello. Señor, si haces esto por mí, yo lo haré por ti". Y cómo debemos ser como el pequeño niño cuando permitamos que Dios nos diga: "Escucha, hijo mío, amado mío. Envié a Jesucristo al valle de sombra de muerte en tu lugar. Nunca podrás ser abandonado. Jesús se colgó de una cruz.

Fui abandonado para que nunca puedas decir que estás abandonado. Mi Hijo, Jesucristo, derramó su preciosa sangre, soportó la cruz, la vergüenza y la humillación para que tuvieras una relación conmigo. Él te vistió con Mi justicia, y nunca te dejaré ni te desampararé".

Y todos los domingos cuando venimos a adorar, cada mañana cuando nos despertamos, cada noche antes de irnos a dormir, tenemos que decir: "Oh Dios, perdóname. Señor, perdóname por servirte porque me bendices. Señor, incluso si recuperas todas las bendiciones que me diste, te agradezco por Jesús, que me bendice. Gracias por ser mi Salvador". Y si eres cristiano, debes decir estas palabras como yo las tengo que decir. Y si hoy no eres cristiano, debes decir: "Amado Dios, Señor, perdóname por mantenerte fuera de mi corazón. Creo en ti en mi cabeza. Pero, Señor, el amor no sirve de nada a menos que entre en tu corazón". **Amar con la cabeza no es bueno. Tienes que dejar que Cristo te ame en tu corazón, donde te rindas y digas: "Señor, me rindo".**

No es necesario que *aceptes* al Señor.

Él te ha aceptado. Todo lo que debes hacer es ceder el paso. "Entra en mi corazón, Señor Jesús". Eso es todo lo que puedes hacer. Eso es amor. Amor. El amor de Dios.

Lea más títulos excelentes de nuestra serie de clásicos transformadores de vidas disponibles en TremendousLeadership.com

The Key to Excellence (Charlie "Tremendous" Jones)
The Kingship of Self-Control (William George Jordan)
The Lincoln Ideals (edited by Charlie "Tremendous" Jones)
Luther on Leadership (Stephen J. Nichols)
Maxims of Life & Business (John Wanamaker)
A Message to Garcia (Elbert Hubbard)
My Conversion (Charles Spurgeon)
The Mystery of Self-Motivation (Charlie "Tremendous" Jones)
The New Common Denominator of Success (Albert E.N. Gray)
The Price of Leadership (Charlie "Tremendous" Jones)
The Reason Why (R. A. Laidlaw)
Ronald Wilson Reagan: The Great Communicator (Greg Rothman)
Self-Improvement through Public Speaking (Orison Swett Marden)
The Science of Getting Rich (Abridged) (Wallace D. Wattles)
Succeeding With What You Have (Charles Schwab)
That Something (William W. Woodbridge)
The Three Decisions (Charlie "Tremendous" Jones)
Walt Disney: Dreams Really Do Come True! (Jason Liller)
The Wit and Wisdom of General George S. Patton (compiled by Charlie "Tremendous" Jones)